글 · 그림 **박세랑**

유쾌한 상상 속에서 뛰어노는 만능 재주꾼입니다.
평소엔 웃음이 팡팡 터지는 그림책을 그리고,
뽀족뽀족한 시를 쓰면서 시끌벅적하게 살아가고 있지요.
시집으로 〈뚱한 펭귄처럼 걸어가다 장대비 맞았어〉가 있고,
〈단짠단짠 동시 맛집〉, 〈울퉁불퉁 구덩이〉, 〈라면 머리 아줌마〉, 〈깔깔 주스〉 등의
그림책과 어린이책을 지었습니다.

하루 한 입 반전 일기

겉바속촉 일기 맛집

글·그림 박세랑

다림

작가의 말

겉은 바삭바삭하고 속은 촉촉하게~
기똥차게 맛있고, 마음 건강에도 좋은 일기 쓰기 비법을 알려 줄까?

얘들아, 요즘도 글쓰기가 싫어서 고민 중이니? 밖에 나가 씽씽이를 타는 건 좋은데, 스마트폰으로 게임하는 건 신나는데, 왜 글쓰기는 재미없을까? 지금부터 그런 고민을 지구 밖으로 뻥! 날려 버릴 수 있는 초특급 재미난 글쓰기 비법을 알려 주려고 해.

오늘 하루 동안 있었던 일들을 떠올려 봐. 슬펐던 일, 짜증 났던 일, 재밌었던 일, 웃겼던 일, 궁금했던 일까지 전부 다 괜찮아. 그중에서 가장 인상 깊었던 일은 무엇이니? 나만의 이야기를 글로 표현하기 어렵다

　면, 우선 그림으로 그려 봐도 좋고 만화로 표현해 봐도 좋아. 생각을 종이 위에 그리다 보면 그림으로 표현하지 못하는 것들을 설명하고 싶어지겠지. 그때 연필을 쥐고 내가 느낀 감정들을 글로 술술 써 내려가면 어떨까?

　자신만의 이야기를 기록한다는 건 엄청나게 중요한 일이야. 내 생각이 멋진 아이디어가 되어 세상을 바꿀 만한 위대한 일이 될지도 모르거든. 일상을 꾸준히 기록하다 보면 내가 하루 동안 발견한 보물 같은 일들이 마음속에 차곡차곡 쌓인단다. 그렇게 마음이 부자가 되면 세상에서 가장 값지고 진귀한 이야기를 만들어 낼 수도 있지. 또한 일기를 쓴다는 건 내가 세상의 주인공이 된다는 거야! 어때? 빨리 일기를 써 보고 싶지 않아? 그렇다면 다 같이 연필을 쥐고 맛있는 일기를 쓰러 출바알~!

박세랑

차례

작가의 말 ✤ 6

매력 터지는 친구를 소개해 보자 ✤ 10
내가 만약 어른이 된다면? ✤ 16
호기심으로 세상을 관찰해 볼까? ✤ 22
룰루랄라 게임을 만들어 볼까? ✤ 28
오늘은 내가 요리사 ✤ 34
나에게 초능력이 생긴다면? ✤ 40
소원을 말해 봐 ✤ 46
닮고 싶어요 ✤ 52
내가 보고 싶은 세상은 ✤ 58
쌩쌩 즐거운 여행을 다녀와서 ✤ 64

내 보물 상자를 열어 볼까? * 70

사랑하는 나의 가족 * 76

내가 가장 좋아하는 장소는? * 82

내가 읽은 책을 추천합니다 * 88

매일매일 감사 일기 * 94

멋진 우리 학교를 소개합니다 * 100

내 인생 최고의 생일 * 106

내가 제일 좋아하는 계절은? * 112

나는 자라서 무엇이 될까? * 118

오늘 내가 한 착한 일 * 124

일기 연습장 * 130

매력 터지는 친구를 소개해 보자!

꿈틀꿈틀 송충이 눈썹

우리 반 인기짱!

야 야! 나랑 축구 한판 할래?

유후~

만두처럼 토실토실한 얼굴

민지야 놀자~!

근육으로 다져진 팔

슛을 뻥뻥 날리는 강철 다리

오늘은 내가 최고로 좋아하는 친구에 대해 소개하는 글을 써 볼 거야. 얼굴을 떠올리기만 해도 웃음이 쿡쿡 튀어나오지 않니? 멋진 내 친구의 매력을 한번 살펴보자!

 친구의 이름과 별명은?

 친구가 가장 많이 하는 행동은?

 친구가 가장 잘하는 것은?

 친구랑 같이 할 때 가장 즐거운 일은?

예시

울트라 캡송 나의 일기 ㅋㅋㅋ

2022년 3월 18일 금요일 · 날씨: 짱짱 맑음

제목: 세상에서 제일 멋진 봉민지

　봉민지의 눈썹은 송충이처럼 꿈틀거리고, 볼은 만두처럼 통통하다. 화가 날 때 벌렁거리는 콧구멍은 동전만 하다.

　봉민지는 우리 반에서 제일 힘이 센데, 팔씨름을 하면 육 학년 형아도 이겨 버린다.

　오늘은 축구 시합에서 봉민지가 날린 슛에 골키퍼 강은찬이 철퍼덕 얼굴을 맞았다. 봉민지는 강은찬을 업고 보건실로 뛰어갔다.

　역시 봉민지, 엄지 척!

년 월 일 요일·날씨:

제목:

내가 만약 어른이 된다면?

수염을 붙이니까 완전 어른 같네!

허허허

아빠처럼 호탕하게 웃어 볼까?

방귀도 아빠처럼 뀌어야겠지?

뿌아아앙!

내가 만약 어른이 된다면 어떤 모습일까?
키도 커지고, 힘도 세지고, 머리도 더 좋아져서
지금보다 더 많은 일들을 할 수 있겠지?
어른이 된 내 모습을 상상하며 마음껏 꿈을 펼쳐 보자.

찰칵찰칵 어른들의 패션쇼

어른이 되면 입고 싶은 옷을 그리고
하고 싶은 일을 써 보자.

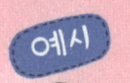

울트라 캡숑 나의 일기 ㅋㅋㅋ

2022년 4월 6일 수요일 · 날씨: 미세 먼지 심함

제목: 울트라 캡숑 멋있는 어른

   나는 어른이 되면 아빠처럼 멋진 양복을 입고 매일 출근할 거다. 날개 달린 슈퍼 카로 엄마를 회사까지 매일 태워 줘야지.

   우주에서 제일 예쁜 내 짝꿍 봉민지랑 결혼도 하고, 엄청 큰 집에 친구들을 다 불러서 신나게 파티도 할 거다.

   밥도 세 그릇씩 한꺼번에 비벼 먹고, 캠핑 가서 마시멜로도 왕창 구워 먹어야지. 오 예!

　　　　년　월　일　요일 · 날씨:

제목:

호기심으로 세상을 관찰해 볼까?

- 혓바닥 아래에는 무엇이 숨어 있을까?
- 궁금해.
- 입 안에는 세균이 몇 마리나 살고 있을까?
- 나는야 눈, 코, 입 어디가 제일 멋있지?
- 휴우~
- 지구에도 외계인이 숨어 살진 않을까?

이건 뭐지? 저건 뭘까? 왜 그런지 궁금해!
지금부터 웃기고 재밌는 질문들을
마구마구 쏟아 내 볼 거야.
그리고 나만의 엉뚱한 대답도 달아 보자!

엉뚱발랄 퀴즈쇼

엉뚱하고 재밌는 질문들을 룰렛 판에 써 볼까?

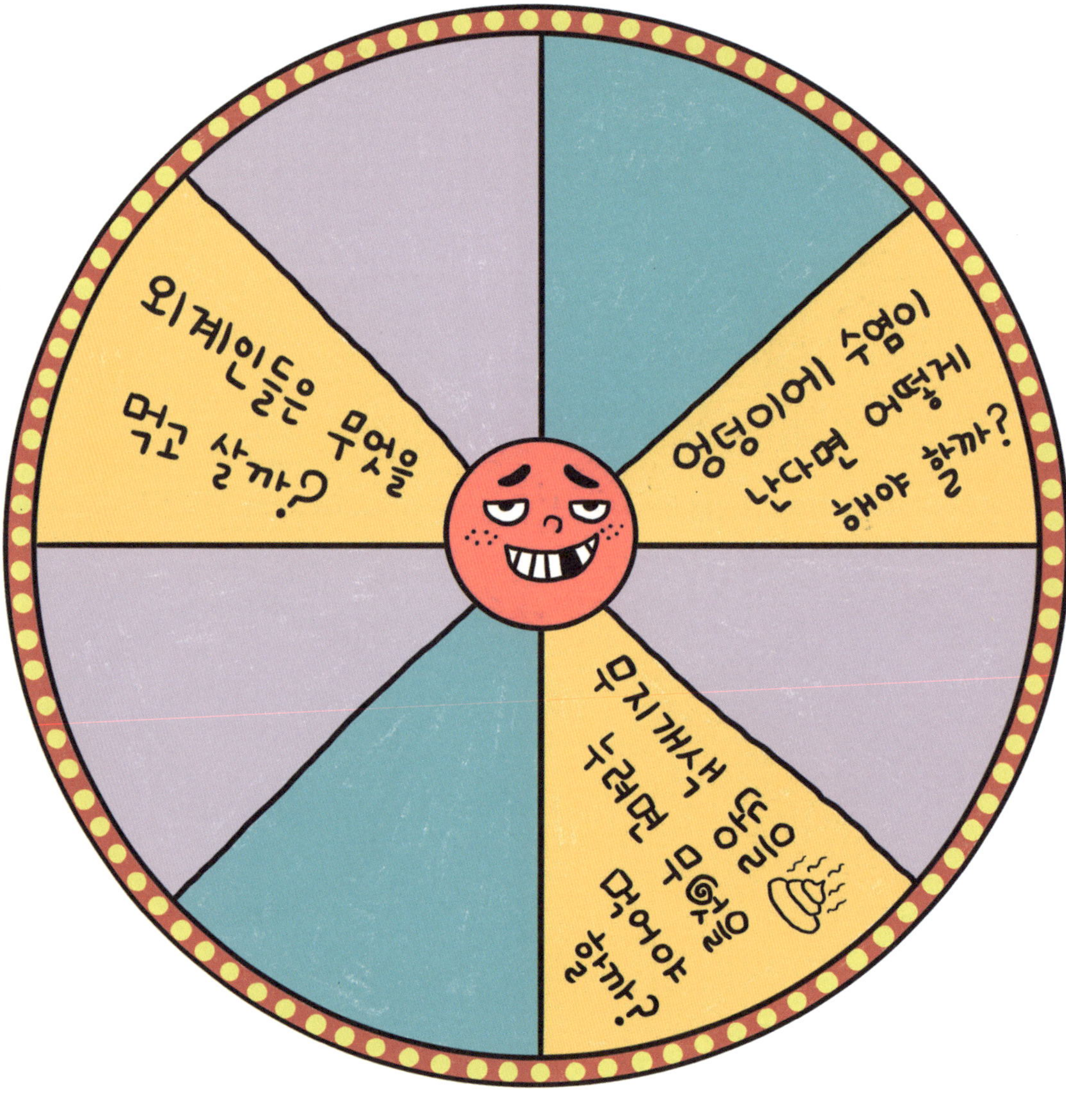

몇 가지 질문을 골라 나만의 재미난 답을 달아 보자.

울트라 캡송 나의 일기 ㅋㅋㅋ

2022년 4월 25일 월요일 · 날씨: 비가 주룩주룩

제목: 궁금한 건 못 참아!

안녕하세요? 호기심 박사 봉민지입니다.

여러분, 콧구멍 안에 사는 코딱지들의 취미는 무엇일까요?

제가 관찰해 본 결과, 코딱지들은 매일 파워 댄스를 추는 것으로 밝혀졌습니다.

왜냐고요? 빈둥빈둥 누워만 있다가 통통하게 살이 쪄 버리면, 콧속이 답답해진 인간이 피융! 코딱지를 파 버리기 때문이죠.

년   월   일   요일·날씨:

제목:

너희는 친구들과 놀 때 어떤 놀이를 하니?
매일 같은 놀이만 한다면 어느새 지루하고 재미없어질 거야.
오늘은 나만의 아이디어가 통통 튀는
재미난 게임을 직접 만들어 보는 게 어때?

나만의 아이디어가 통통 튀는 놀이를 만들어 볼까?

놀이 이름은?

놀이 장소는 어디로 할까?

필요한 준비물은?

놀이 순서를 자세하게 설명해 볼까?

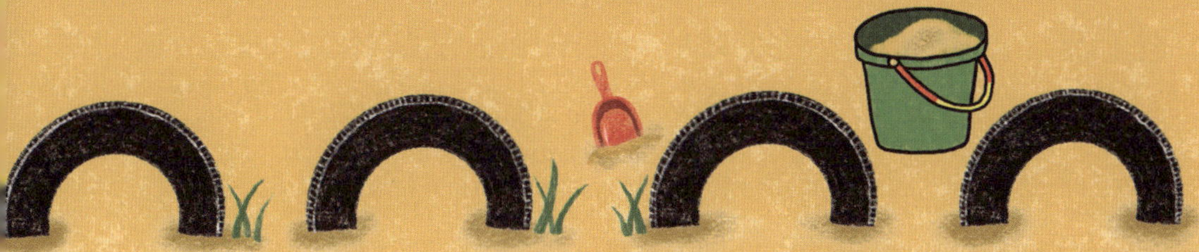

신나게 놀이하는 장면을 그림으로 그려 볼까?

놀이할 때 '주의할 사항'을 적어 볼까?

울트라 캡송 나의 일기 ㅋㅋㅋ

2022년 5월 4일 수요일 · 날씨: 따뜻함

제목: 총알 방귀 게임

오늘은 친구들과 '총알 방귀 게임'을 하고 놀았다. 내가 만든 게임인데 방귀를 총알처럼 쏘면서 악당을 물리치는 놀이다.

먼저 총알 방귀를 만들기 위해서는 집에서 채소를 많이 먹고 나가는 게 좋다. 한 발로 콩콩 뛰어서 몸을 푼 다음, 손을 쓰지 않고 실에 매달린 과자를 따 먹는다.

그리고 뿡뿡! 방귀 소리를 내며 악당으로 지목된 친구를 잡으러 다닌다.

　　　년　월　일　요일·날씨:
_____

제목:
_____

_____

_____

_____

_____

_____

_____

_____

_____

_____

오늘은 내가 요리사

상상을 요리조리 굽고 튀기고

뜨끈뜨끈한 상상 요리를 한번 맛볼래?

지글지글 굽고 보글보글 끓이고!
맛있는 요리는 우리를 항상 즐겁게 하지.
오늘은 내가 상상 요리사가 되어서 세상에 없는
신기하고 재미난 요리를 만들어 보는 거야.

상큼발랄 상상 레시피

하늘을 날 수 있는 **구름셰이크** 레시피는 다음과 같다.

폭신폭신 구름 ♥
출렁이는 파도~
쉐킷 쉐킷
믹서기에 구름과 함께 싱그러운 파도를 갈아 줘!

행복한 웃음소리 두 스푼
아침 이슬 다섯 방울
가족들의 행복한 웃음소리와 순수하고 맑은 이슬을 휘저어 **상큼한** 크림을 만들기!

갈아 두었던 주스를 예쁜 잔에 붓고
몽글 몽글한 크림을 올려 주면
구름셰이크 완성

나만의 상상 요리를 그리고 간단히 설명해 볼까?

요리 이름:

요리의 맛:

들어가는 재료:

요리 이름:

요리의 맛:

들어가는 재료:

요리 이름:

요리의 맛:

들어가는 재료:

나만의 상상 레시피

상상 요리 만드는 방법을
순서대로 적어 보자.

준비할 재료:
_____

요리 순서

1.
_____

2.
_____

3.
_____

4.
_____

5.
_____

울트라 캡송 나의 일기 ㅋㅋㅋ

[예시]

2022년 5월 20일 금요일 · 날씨: 구름 많음

제목: 오늘은 내가 상상 요리사!

 오늘의 메뉴는 바로 '구름셰이크'다. 한 모금 쭉 들이켜면 몸이 구름처럼 가벼워져 훨훨 날아다닐 수 있다.

 만드는 방법은 다음과 같다. 믹서기에 폭신폭신한 구름 세 조각과 싱싱한 파도를 넣고 곱게 갈아 준다. 큰 그릇에 아빠의 너털웃음과 이슬을 붓고 휘휘 저어 고소한 크림을 만든다.

 갈아 두었던 주스 위에 크림을 올리면 짠! 구름셰이크 대령이오!

년 월 일 요일·날씨:

제목:

와우~! 나에게 초능력이 생긴다면?

나는야 슈퍼 영웅이다!
어느 날 아침, 나한테 특별한 능력이 생긴다면?
누구도 할 수 없는 일들을 한순간에 척척 해내는
영웅이 되려면 어떤 능력이 필요할까?

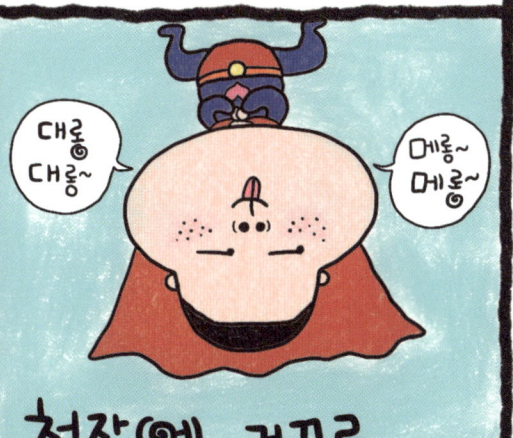

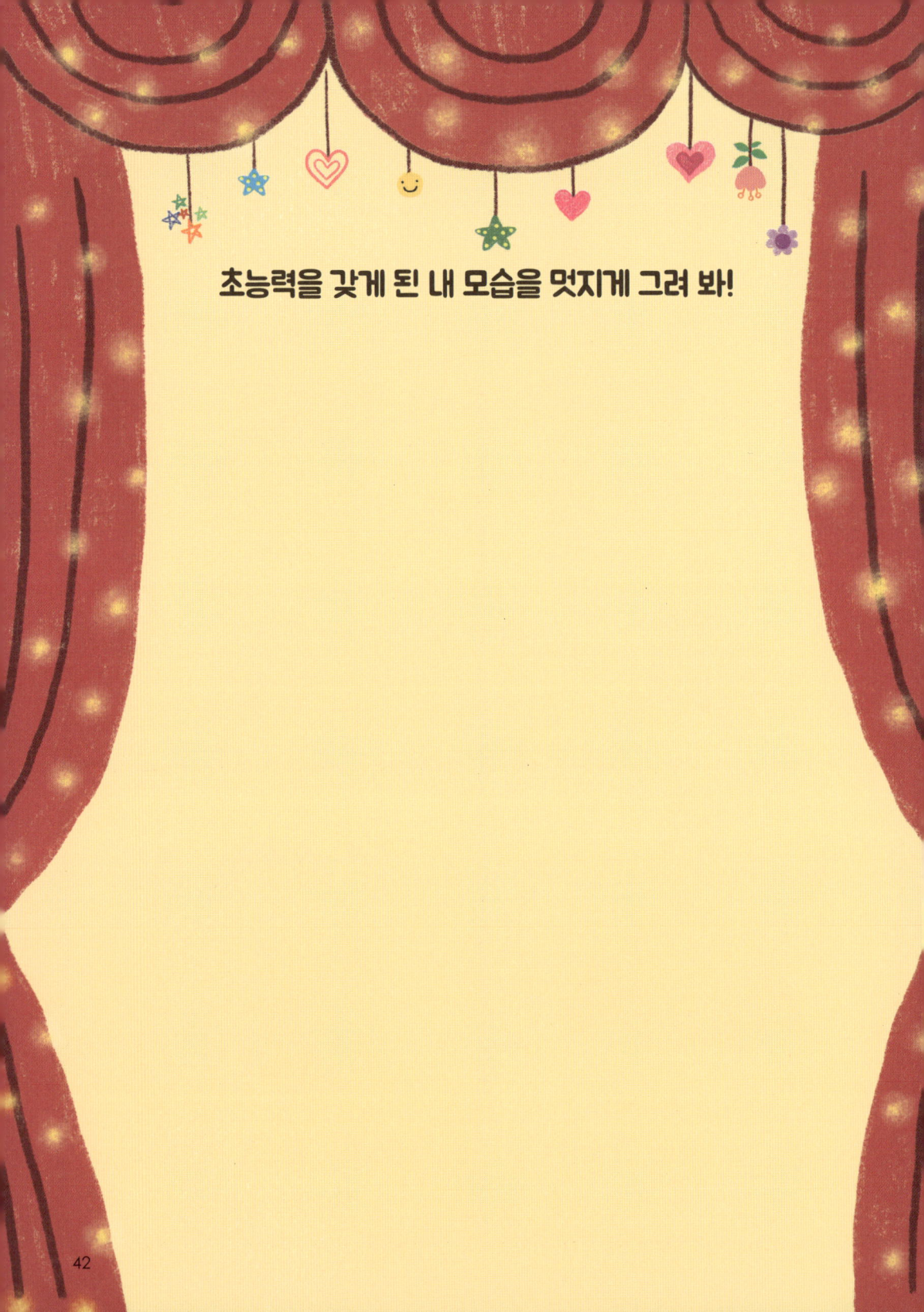
초능력을 갖게 된 내 모습을 멋지게 그려 봐!

으라차차! 초능력 만화

초능력을 마음껏 사용하는 내 모습을 4컷 만화로 그려 봐.

울트라 캡송 나의 일기 ㅋㅋㅋ

2022년 6월 5일 일요일 · 날씨: 해가 쨍쨍

제목: 나는야 빤스맨이다!

　어느 날 내가 영웅이 되어 버렸다. 이름하여 빤스맨!

　빤스맨은 맨손으로 건물을 번쩍번쩍 들 수 있다. 우리 아파트를 번쩍 들어서 수영장 앞으로 옮길 거다. 순간 이동도 할 수 있는데, 숨을 참고 십 초를 세면 원하는 장소로 슝~

　엄마한테 혼날 땐 천장에 거꾸로 매달려서 위기를 넘기고, 숙제는 일 초 만에 끝내 버리는 나! 바로바로 빤스맨이다!

　　　　년　월　일　요일·날씨:
_____

제목:
_____

소원을 말해 봐~★

평소에 소원을 빌어 본 적이 있니?
내가 바라는 소원이 이루어진다면 기분이 어떨 거 같아?
오늘은 반짝반짝 빛나는 내 소원을 적으며
마음껏 기대해 보자.

나만의 소원 쪽지 만들기

내가 바라는 소원을 쪽지에 한번 적어 볼까?

나만의 소원 나무 만들기

내가 갖고 싶은 것들을 소원 나무에 주렁주렁 매달아 보자.

울트라 캡쑹 나의 일기 ㅋㅋㅋ

2022년 6월 17일 금요일 · 날씨: 화창함

제목: 소원아 이루어져라!

나한테 요술 램프가 생겨서 소원을 빌 수 있는 기회가 생긴다면? 생각만 해도 신난다!

내 소원은 학원이 전부 키즈 카페로 바뀌는 거다. 그리고 지구에 있는 모든 숙제가 사라지는 것이다.

또 일주일에 한 번씩 어린이날이 있다면 얼마나 행복할까? 선물을 매주 받았으면 좋겠다.

마지막으로 가장 큰 소원을 뭐니 뭐니 해도 우리 가족이 영원히 행복하게 사는 거다!

년   월   일   요일 · 날씨:

제목:

세상엔 멋지고 훌륭한 사람들이 참 많아.
네가 세상에서 가장 존경하는 사람은 누구니?
그 사람의 어떤 점을 본받고 싶어?
세상에서 제일 멋진 그 사람을 지금 바로 떠올려 볼까?

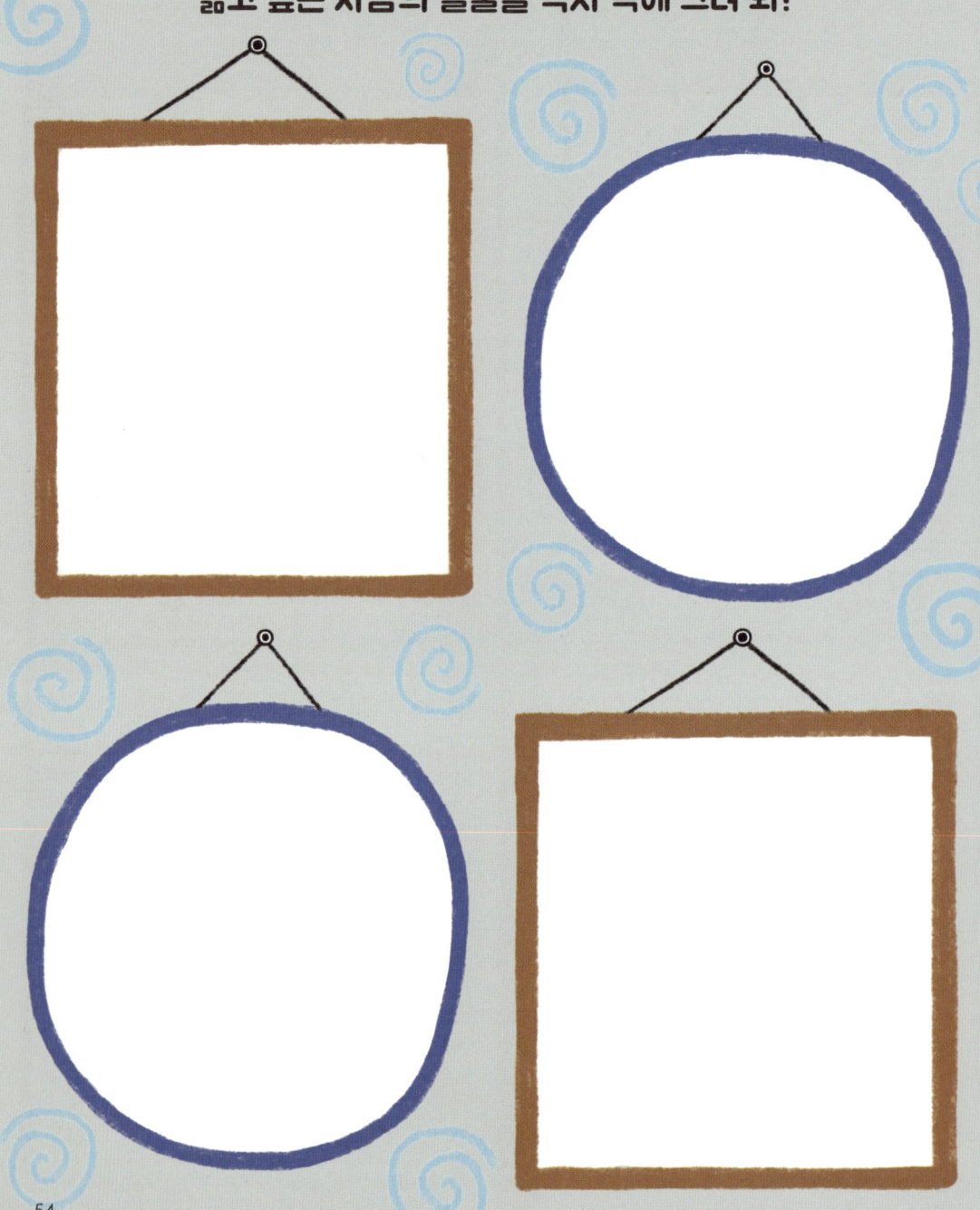

닮고 싶어요 질문지~!

 질문에 맞춰 답을 써 볼까?

😊 내가 닮고 싶은 그 사람은 누구야?

😊 그 사람은 어떤 점이 제일 멋있어?

😊 그 사람은 무엇을 제일 잘하니?

😊 그 사람을 닮기 위해서 나는 어떤 노력을 해야 할까?

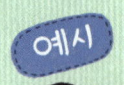

울트라 캡숑 나의 일기 ㅋㅋㅋ

2022년 7월 2일 토요일 · 날씨: 흐림

제목: 할머니를 닮고 싶어요

　나는 이 세상에서 우리 할머니가 제일 멋지다고 생각한다.

　할머니는 무척 힘이 세시기 때문이다. 만약 집에 도둑이 든다면, 맨손으로 잡아 혼내실 거다.

　할머니는 매운 음식도 엄청나게 잘 드신다. 입안에서 불이 나도 눈 하나 깜짝 안 하신다.

　할머니는 춤도 잘 추시고 노래도 잘 부르신다. 할머니의 꿀렁꿀렁 문어 춤을 꼭 배우고 싶다.

　　　　년　　월　　일　　요일·날씨:

제목:

내가 보고 싶은 *신비하고* *놀라운* 세상은

지금보다 훨씬 더 살기 좋고
모두가 행복할 수 있는 세상은 어떤 세상일까?
너에게 미래를 볼 수 있는 안경이 생긴다면
어떤 세상을 보고 싶어?

이런 세상으로

내가 가 보고 싶은 세상을 상상해 보고
그림엽서를 완성해 보자.

친구들아 나랑 같이 ㅋㅋㅋ 놀러 갈래?
솜사탕이 열리는
나무가 있는 세상!
나뭇잎이 다 솜사탕이야.

여행을 훌쩍 떠나고 싶어요

울트라 캡숑 나의 일기 ㅋㅋㅋ

2022년 7월 14일 목요일 · 날씨: 장마

제목: 미래에는 이런 세상을 원해요!

　미래에는 지금보다 훨씬 더 좋은 세상이 선물처럼 배달될 것이다.

　동물들이 행복하게 춤을 주고, 전 세계의 아이들이 매일 웃고 떠들며 살 수 있었으면 좋겠다.

　또 학교에서는 체육과 미술을 최대한 많이 하고, 아무도 아프지 않았으면 좋겠다.

　지구가 건강해져서 우주를 환하게 밝혀 주었으면 좋겠다.

 년   월   일   요일·날씨:

제목:

생생 즐거운 여행을 다녀와서

혹시 기억에 남은 여행이 있니?
그곳에서 보고 맛보고 느낀 것은 무엇이었어?
여행은 마음을 새롭게 해 주고, 즐거운 추억을 안겨 줘.
지금부터 내 인생 최고의 여행지를 소개해 볼까?

찾아라 맛있는 여행~

통영에 가면
달콤 달콤한 꿀빵이 맛있고~!!!

전주에 가면 고소하고 푸짐한 나물
고추장 넣었어?
싹싹~ 비벼 먹는 **비빔밥**

나주에 가면
국물이 끝내줘요.
뜨끈뜨끈한 **곰탕**

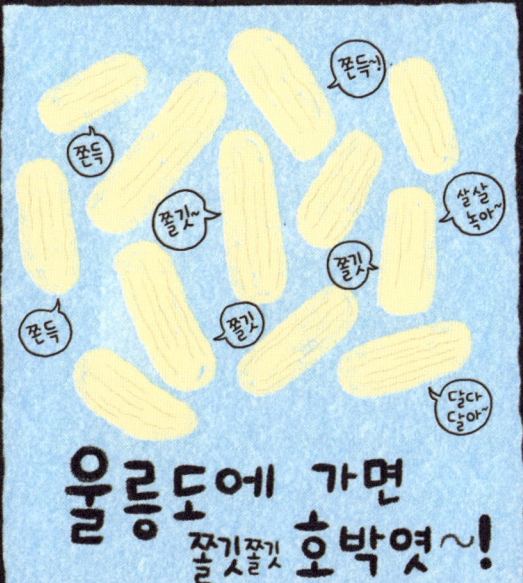

쫀득
쫀득
쫄깃~
살살 녹아~
쫄깃
쫀득
쫄깃
달다 달아~

울릉도에 가면
쫄깃쫄깃 **호박엿**~!

가장 재밌었던 여행을 그림으로 그려 봐

나의 여행지에서

가장 즐거웠던 순간을 알차게 기록해 보자.

 무엇을 봤어?

 어떤 소리를 들었니?

 무엇을 먹었더라?

 어떤 것을 만져 봤지?

 여행지에서 느낀 점이 있다면?

예시

울트라 캡송 나의 일기 ㅋㅋ

2022년 7월 28일 목요일 · 날씨: 엄청 더움

제목: 맛 최고! 재미 최고! 통영 여행

　가족들과 통영으로 여행을 갔을 때가 제일 기억에 남는다. 몹시 더웠던 여름날 차 안에서 오빠랑 나는 쭈쭈바를 세 개나 먹었다.

　동피랑에서 예쁜 벽화도 구경하고 웃긴 포즈로 사진도 오백 장 찍었다. 달콤한 꿀빵도 많이 먹고, 싱싱한 해산물도 잔뜩 먹어서 여행 내내 배가 빵빵했다.

　해수욕장에서 물장구치며 신나게 놀았던 추억을 떠올리면 마음이 너무 행복하다.

___년 ___월 ___일 요일·날씨: _____

제목:

내 보물 상자를 열어 볼까?

내가 세상에서 제일 아끼는 물건은 뭐게?
너에게도 어렸을 때부터 몹시 아껴 오던 물건들이 있니?
오늘은 그 물건을 소개하고 자랑해 보자.
어떤 추억이 담겼는지 찬찬히 이야기해 줘.

내 보물 상자를 구경해 볼래?

 내가 제일 아끼는 것들을 상자 속에 그려 보자.

내 보물 순위를 정해 볼까?

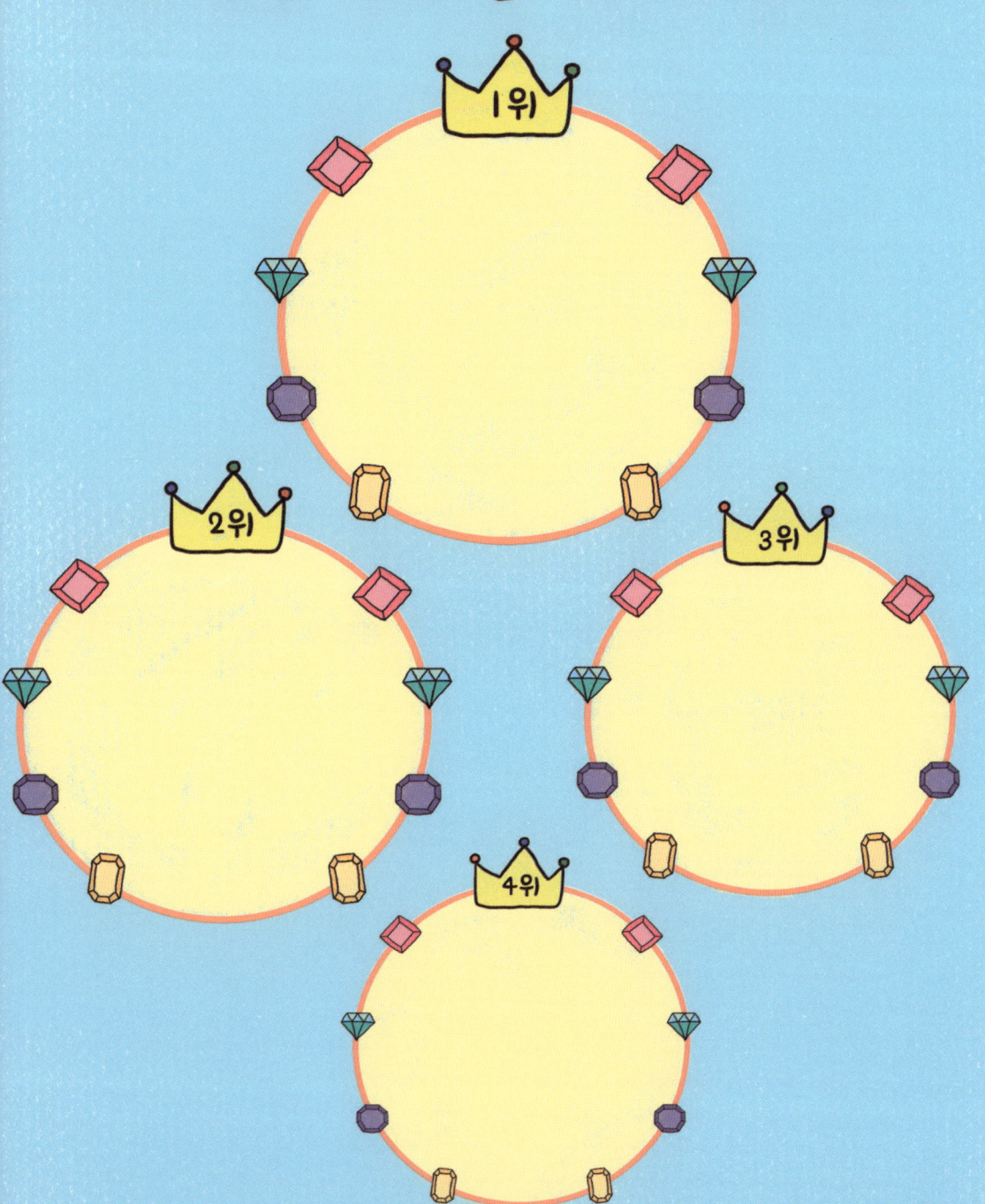

예시

울트라 캡송 나의 일기 ㅋㅋㅋ

2022년 8월 6일 토요일 · 날씨: 해가 쨍쨍

제목: 내가 진짜 아끼는 보물들

지금부터 나의 보물 상자를 공개하겠다.

내 보물 1호는 아기 때부터 덮던 하트 무늬 이불이다. 지금은 꼬질꼬질해졌지만, 킁킁 냄새를 맡으면 엄마 냄새도 나고, 볼을 비비면 새털처럼 부드럽다.

내 보물 2호는 변신 로봇이다. 아빠가 사 주신 건데, 착착 접으면 자동차로 변신한다.

내 보물 3호는 나를 어디로든 데려다줄 수 있는 마법 양탄자다. 어디서 샀는지는 비밀!

년   월   일   요일 · 날씨:

제목:

사랑하는 나의 가족

가족은 서로에게 조건 없는 사랑을 주고
따뜻한 울타리가 되어 주고, 행복을 함께 나누는
세상에서 가장 따뜻한 존재야.
오늘은 나의 가족에 대해 소개해 볼까?

가족사진을 구경해 볼까?

가족들과 행복했던 추억을 사진 속에 그려 봐.

가족들의 얼굴을 그리고 칭찬할 점을 간단히 써 보자!

♥ 가족 이름: 박민철(아빠)

♥ 칭찬할 점: 우리 아빠는 달리기를 엄청 잘한다. 마라톤 대회에 나가서 상도 받았다. 슈퍼맨보다 더 빠른 우리 아빠.

♥ 가족 이름:

♥ 칭찬할 점: _____
_____
_____

♥ 가족 이름:

♥ 칭찬할 점: _____
_____
_____

♥ 가족 이름:

♥ 칭찬할 점: _____
_____
_____

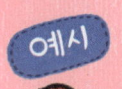

울트라 캡숑 나의 일기 ㅋㅋ

2022년 8월 25일 목요일 · 날씨: 비가 주룩주룩

제목: 제일 멋진 우리 가족

　우리 가족은 세 명이다. 예쁜 엄마와 착한 아빠 그리고 씩씩한 내가 있다.

　엄마는 무지 힘이 세다. 꽉 닫힌 잼 뚜껑도 한 방에 연다. 가끔 요리를 태우지만, 아이스크림을 자주 사 주는 최고의 엄마다.

　아빠는 엄마가 태운 음식도 감사히 잘 먹고, 청소를 깨끗하게 잘한다. 아빠가 걸레질을 하고 나면 파리도 꽈당 미끄러진다.

　엄마 아빠 사랑해요! 뽀뽀 쪽!

　　　년　월　일　요일·날씨:

제목:

내가 가장 좋아하는 장소는?

너에게는 특별히 좋아하는 장소가 있니?
재밌거나 편안해서 매일 가고 싶은 장소 말이야.
그곳에 가면 너의 마음은 어떻게 변해?
오늘은 내가 제일 좋아하는 장소를 소개해 보자.

나의 비밀 지도

내가 좋아하는 장소들을 빈 공간에 그려 보자.

예시

울트라 캡송 나의 일기 ㅋㅋㅋ

2022년 9월 8일 목요일 · 날씨: 햇볕 따뜻함

제목: 내가 좋아하는 장소는?

　내가 좋아하는 장소 첫 번째는 놀이터다. 놀이터에서 친구들과 흙장난하는 게 제일 신난다.

　두 번째 장소도 놀이터 안에 있는데, 그네 뒤 개미집이다. 과자도 옮기고 사탕도 옮기는 개미들의 모습을 볼 수 있어 신기하다.

　세 번째는 우리 집 옥상이다. 옥상에 올라가면 솜사탕 구름도 보이고, 퇴근해서 집으로 돌아오는 아빠도 보인다. 야호!

　　　　년　월　일　요일·날씨:

제목:

내가 읽은 책을 추천합니다!

너는 어떤 책을 읽을 때 가장 재밌었어?
시간 가는 줄 모르고 읽었던 재미난 책을
친구들에게 소개해 보는 건 어때?
함께 읽고, 이야기를 나누면 즐거움은 배가 될 거야.

재밌는 책을 고르는 방법

 나만의 책 고르는 비법을 한번 적어 볼까?

1. 표지를 꼼꼼히 살펴보며 ✓내용이 재미있을지 판단해 본다.

2.

3.

4.

5.

이 책을 추천합니다

책 표지를 그려 광고지를 만들어 보자.

📖 이 책의 가장 재미난 점은?
_____
_____

📖 이 책을 읽으면 좋은 점은?
_____
_____

예시

울트라 캡송 나의 일기 ㅋㅋ

2022년 9월 27일 화요일 · 날씨: 해가 쨍쨍

제목: 깔깔 웃음이 나는 책

　내가 읽은 책 중 가장 재밌었던 책은 박세랑 작가님의 <깔깔 주스>다.

　봉민지라는 아이가 깔깔 주스를 마시면서 벌어지는 이야기인데, 마시기만 하면 깔깔 웃게 된다. 신비한 깔깔 주스를 나도 마셔 보고 싶다.

　그리고 이 책을 우리 엄마한테도 읽어 주고 싶다. 요즘 엄마가 잘 웃지 않기 때문이다. 엄마가 <깔깔 주스>를 읽고 바닥을 데굴데굴 구르면서 캬캬 웃었으면 좋겠다.

　　　　년　월　일　요일·날씨:

제목:

오늘도 내일도 감사

아침에 눈을 떴는데 날씨가 좋아서 감사.

내가 좋아하는 단풍을 발견해서 감사.

친구에게 준비물을 빌릴 수 있어서 감사!

맛있는 간식을 먹을 수 있어서 감사.

감사 열매

오늘 하루 감사했던 것들을 열매 속에 적어 볼까?

"예시"
친구가 맛있는 간식을 나눠 줘서 감사.♥

궁금했던 것들을 학교에서 배울 수 있어서 감사.

오늘 하루 건강할 수 있어서 감사.

안녕~

아빠가 퇴근 후에 꼭 안아 줘서 감사.♡

하늘이 예뻐서 감사.

학교 숙제를 스스로 할 수 있어서 감사~!

동생이랑 싸우지 않아서 감사.♡

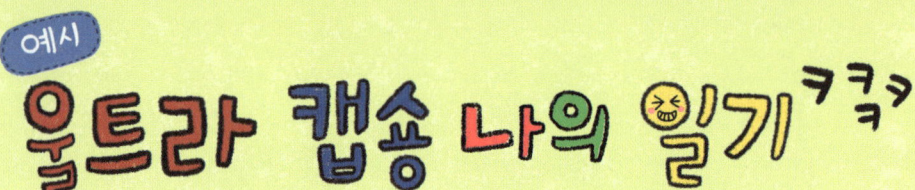

2022년 10월 12일 수요일 · 날씨: 맑음

제목: 오늘도 감사

　오늘 하루는 감사할 일들이 참 많았다.

　아침밥으로 내가 제일 좋아하는 시리얼을 듬뿍 먹을 수 있어서 감사. 엄마가 학교에 잘 다녀오라고 뽀뽀를 해 줄 때는 살짝 귀찮지만 그래도 감사. 내 짝꿍 봉민지가 웬일로 준비물을 빌려줘서 너무너무 감사.

　그리고 체육 시간에 봉민지 앞에서 멋있게 골을 넣으려다 꽈당 넘어졌지만… 다치지 않아서 감사. 내일이 기대되는 밤이라서 또 감사!

　　　년　월　일　요일·날씨:

제목:

우리 학교의 자랑은 무엇일까?
학교에서 내가 제일 좋아하는 장소는?
학교에서 무엇을 할 때 가장 행복한지 떠올려 보자.

우리 학교를 소개합니다

질문에 대한 답을 그림으로 그려 보자.

우리 학교에서 인기 최고인 선생님은?

우리 학교에서 제일 즐거운 시간은?

우리 학교에서 인기짱인 급식 메뉴는?

우리 학교에서 가장 유명한 행사는?

우리 학교의 가장 '멋진' 장소는?

학교에서 내가 제일 좋아하는 장소를 그리고 소개해 보자.

예시

울트라 캡숑 나의 일기 ㅋㅋ

2022년 10월 31일 월요일 · 날씨: 바람이 쌀쌀

제목: 운동장 맛집 우리 학교

  우리 학교는 진짜 멋지다. 그중에서도 운동장이 제일 멋지다. 엄청나게 넓고 잔디가 깔려 있어서 포근하기 때문이다. 친구들이랑 벌렁 드러누워서 하늘을 보면 솜사탕을 먹는 것보다 훨씬 기분이 좋다.

  운동장 왼쪽엔 내가 제일 좋아하는 그네가 있다. 하지만 그네를 타려면 엄청나게 운이 좋아야 한다. 기다리는 줄이 짱 길기 때문이다!

　　　　년　월　일　요일·날씨:

제목:

내 인생 최고의 생일

생일 파티는 생각만 해도 즐겁고 신나.
너는 어떤 생일 파티가 제일 기억에 남아?
그날 어떤 재미난 일이 있었니?
어떤 음식을 먹었는지도 이야기해 보자!

생일 추억 게시판

가장 기억에 남는 생일 파티를 떠올려 보자!

> 그날의 주인공은 누구였는지 그려 봐!

> 생일 파티에서 맛있게 먹은 음식은 뭐야?

> 그림으로 그려 봐!

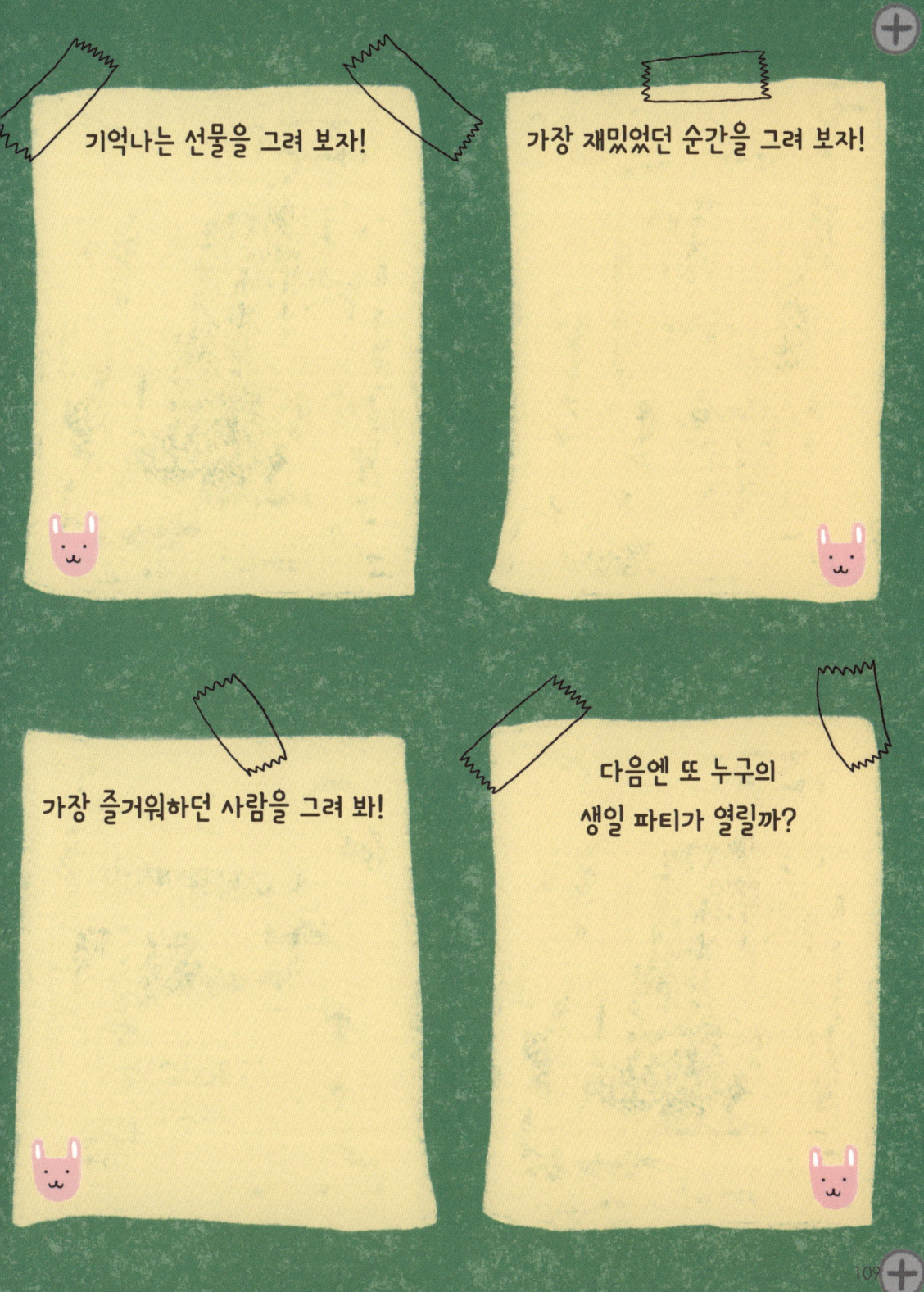

예시

울트라 캡송 나의 일기 ㅋㅋㅋ

2022년 11월 15일 화요일 · 날씨: 찬 바람 쌩쌩

제목: 폭죽 빵빵! 최고의 생일

   내 인생 최고의 생일은 바로 여덟 살 생일이다. 친구들이랑 같이 케이크를 만들었는데, 엄마 몰래 반죽 안에 젤리를 왕창 넣었다. 오븐에 구웠더니 젤리들이 녹아서 줄줄줄 흘러나왔다. 오븐이 엉망이 되었지만 혼나진 않았다.

   대망의 촛불 끄기! 엄마가 폭죽을 깜빡했다. 실망할 뻔했는데, 아빠가 폭죽 대신 방귀를 빵빵 터뜨려서 모두들 배꼽 빠지게 웃어 댔다.

　　　년　월　일　요일 · 날씨:

제목:

내가 제일 좋아하는 계절은?

우리나라에는 개성이 뚜렷한 사계절이 있지.
너는 어떤 계절을 가장 좋아하니?
그 계절엔 무엇을 할 수 있고, 어떤 걸 즐길 수 있을까?
내가 최고로 사랑하는 계절을 떠올려 보자.

 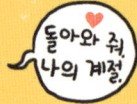

사랑하는 계절 만화

질문에 대한 답을 그림으로 그려 봐!

좋아하는 계절의 풍경을 그려 봐.

좋아하는 계절에 먹는 제일 맛있는 음식은?

좋아하는 계절에 뭘 하면서 놀아?

좋아하는 계절에 필요한 물건은?

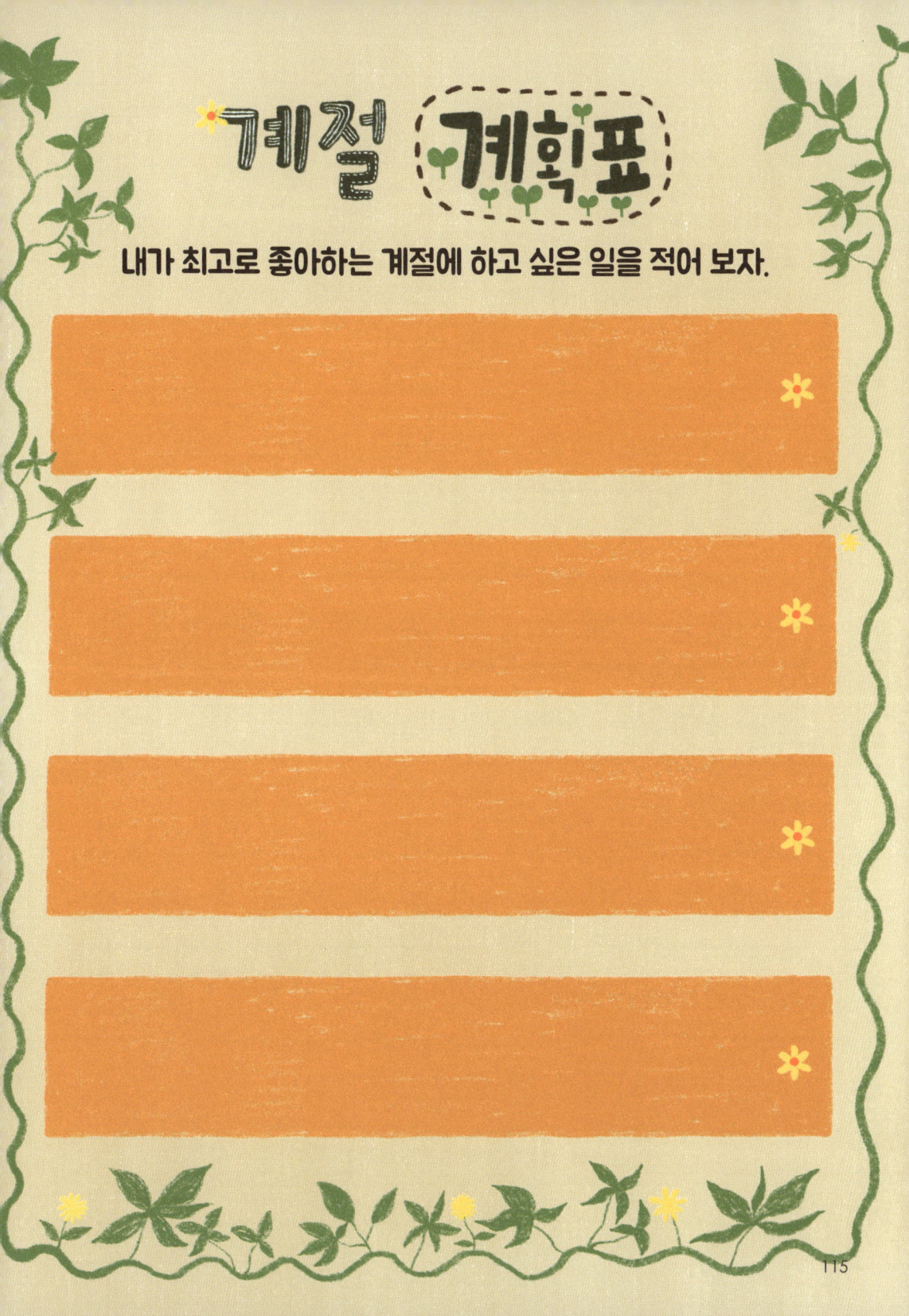

예시
울트라 캡송 나의 일기 ㅋㅋㅋ

2022년 11월 22일 화요일 · 날씨: 약간 흐림

제목: 눈아, 눈아, 내려라

내가 매일매일 기다리는 계절은 겨울이다. 눈이 오면 동네 친구들이랑 아파트 놀이터에서 눈사람도 만들 수 있고, 눈싸움도 할 수 있다. 눈이 쌓인 언덕에서 썰매도 타야지. 야호! 생각만 해도 너무 신난다.

이번엔 산타 할아버지께 루돌프를 선물로 받으려고 착한 일을 백 가지도 넘게 했다. 크리스마스가 빨리 왔으면 좋겠다!

년   월   일   요일 · 날씨:

제목:

내가 자라 어른이 되면
어떤 일을 하면서 살고 있을까?
너는 어떤 성격을 가지고 있고, 뭘 할 때 가장 즐거워?
지금부터 미래의 멋진 내 모습을 상상해 보자.

나는야 무엇을 잘하는 사람일까?

내가 잘하는 것을 적고
얼마나 잘하는지 별 그림에 표시해 볼까?

♡ 재밌는 이야기로 친구들 웃기기.
★ ★ ★ ★ ☆

♡ _____
☆ ☆ ☆ ☆ ☆

♡ _____
☆ ☆ ☆ ☆ ☆

♡ _____
☆ ☆ ☆ ☆ ☆

**꿈을 이룬 내 모습을 그리고
어떤 사람이 되고 싶은지 적어 보자.**

울트라 캡송 나의 일기 ㅋㅋㅋ

2022년 12월 7일 수요일 · 날씨: 해가 쨍

제목: 스타 작가가 되는 그날까지!

  나는 어른이 되면 세상에서 제일 재밌는 이야기를 쓰는 작가가 되고 싶다. 심심한 어린이들에게 초특급 재미난 책을 선물해야지.

  내가 만든 이야기 속에서는 뭐든지 다 이뤄지고, 아무리 큰 어려움도 다 이겨 낼 수 있다.

  이다음에 베스트셀러 작가가 되면, 멋진 차를 붕붕 타고 다니면서 전 세계 수많은 팬들에게 사인을 해 줘야지. 야호!

        년   월   일   요일 · 날씨:

제목:

오늘 내가 한 착한 일

너는 누군가를 진심으로 도와 본 적이 있니?
착한 일을 하면 마음이 기뻐지고
주변을 행복하게 만들 수 있단다.
오늘은 내가 했던 착한 행동들을 떠올려 볼까?

칭찬 스티커를 만들어 보자

내가 했던 착한 행동을 떠올리며 칭찬 스티커를 그려 보자.

예시

오늘 화단에 있는 꽃들에게 물도 주고 거름도 듬뿍 주었다.

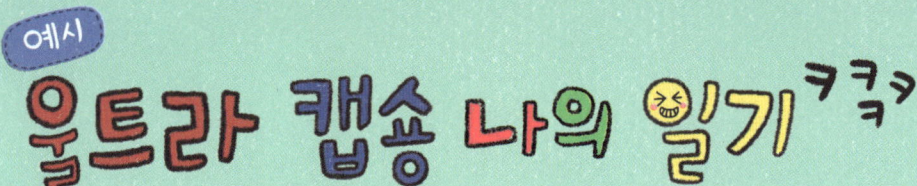

2022년 12월 15일 목요일 · 날씨: 구름 많음

제목: 착한 일의 달인

　나는 오늘 학교 가는 길에 음료수 캔을 주워서 쓰레기통에 버렸다. 그리고 길고양이 봉구의 머리를 쓰담쓰담해 주고 궁디팡팡도 해 주었다.

　또 학교에서는 친구가 엎지른 물을 같이 닦아 주었다. 그랬더니 친구가 초콜릿을 줬다! 혼자서 다 먹고 싶었지만, 짝꿍이 자꾸 흘끔흘끔 쳐다봐서 나눠 먹었다. 역시 나눠 먹으니까 더 맛있었다.

　착한 일을 하면 왠지 기분이 좋고 행복해진다.

년   월   일   요일·날씨:

제목:

년   월   일   요일·날씨:

제목:

하루 한 입 반전 일기
겉바속촉 일기 맛집

초판 1쇄 발행 2022년 4월 28일
초판 2쇄 발행 2024년 8월 23일

글 · 그림 박세랑

편집장 천미진
편　 집 최지우, 김현희
디자인 최윤정
마케팅 한소정
경영지원 한지영

펴낸이 한혁수
펴낸곳 도서출판 다림
등　 록 1997. 8. 1. 제1-2209호
주　 소 07228 서울시 영등포구 영신로 220 KnK 디지털타워 1102호
전　 화 02-538-2913　팩　 스 070-4275-1693
블로그 blog.naver.com/darimbooks
다림 카페 cafe.naver.com/darimbooks
전자 우편 darimbooks@hanmail.net

ⓒ 박세랑 2022

ISBN 978-89-6177-290-7 73800

이 책 내용의 일부 또는 전부를 사용하려면 반드시 저작권자와 도서출판 다림의 서면 동의를 받아야 합니다.
책값은 뒤표지에 있습니다.

제품명: 겉바속촉 일기 맛집	제조자명: 도서출판 다림	제조국명: 대한민국
전화번호: 02-538-2913	주소: 서울시 영등포구 영신로 220 KnK 디지털타워 1102호	
제조년월: 2024년 8월 23일	사용연령: 8세 이상	

⚠ 주 의
아이들이 책을 입에 대거나
모서리에 다치지 않게
주의하세요.

※KC마크는 이 제품이 공통안전기준에 적합하였음을 의미합니다.